La BRÚJULA
DEL DISCÍPULO

UNA **GUÍA** PARA
VIVIR EN **CRISTO**

SCOTT WADE

TRADUCIDO POR RACHEL BEITA

PUBLICADO POR

MOMENTUM
MINISTRIES

Publicado por Momentum Ministries
La Brújula del los Discípulo: Una Guía para Vivir en Cristo / Scott Wade

ISBN: 978-1-953285-71-3

Momentum Ministries
P.O. Box 206
Johns Island, SC 29457-0206

Todas las citas bíblicas no designadas de otra manera son de la Nueva Versión Internacional (NVI).

Las citas bíblicas marcadas son de la Reina Valera 1960

Diseño de portada e interior por D.E. West—www.emoondesigns.com
con Dust Jacket Creative Services

Impreso en los Estados Unidos de América

www.momentumministries.org

DEDICATORIA

A Sam Flores, mi superintendente de distrito, cuya amistad y liderazgo valoro profundamente. Tu compromiso inquebrantable de compartir a Cristo con personas de toda nación, tribu y lengua me ha inspirado a seguir adelante con esta obra. Tu visión, fe y ánimo han dejado una huella duradera en mi vida y ministerio. ¡Gracias, Sam!

CONTENIDO

"Manzana de oro con figuras de plata
Es la palabra dicha como conviene."
—*Proverbios 25:11*

PRÓLOGO

Durante siglos, exploradores, marineros y viajeros han confiado en el diseño simple pero ingenioso de la brújula para navegar por el mundo. Las primeras brújulas, desarrolladas por los chinos hace más de mil años, se fabricaban con piedra magnetita, un mineral naturalmente magnetizado que se alineaba misteriosamente con el campo magnético de la Tierra. Estos primeros dispositivos se suspendían en agua o se colocaban sobre un pivote, libres para moverse en respuesta a fuerzas invisibles que los dirigían hacia el norte verdadero.

Con el avance de la tecnología, las brújulas se volvieron más precisas. Para el siglo XII, los navegantes europeos habían adaptado la magnetita flotante a un diseño con aguja, donde una delgada tira de hierro magnetizado se montaba sobre un pivote. Esto permitió una mayor precisión y portabilidad, haciendo de la brújula una herramienta esencial para los marineros que se aventuraban en los vastos y desconocidos mares.

Una brújula funciona porque la Tierra misma es un enorme imán, con líneas invisibles de fuerza que se extienden de polo a polo. La aguja dentro de la brújula se alinea con estas líneas magnéticas, apuntando siempre hacia el norte magnético, ayudando a los viajeros a orientarse y encontrar su camino.

Así como una brújula se alinea con el campo magnético de la Tierra, nuestros corazones deben alinearse con Cristo si queremos caminar en la dirección correcta. Cuando se utiliza correctamente, la Brújula del Discípulo nos mantiene enfocados, apuntando hacia nuestro Verdadero Norte - Jesucristo.

AGRADECIMIENTOS

Adam Toler, de Dust Jacket Press, brindó asesoramiento experto, guía editorial y visión de diseño que ayudaron a dar forma a este libro.

Su experiencia en el proceso de publicación hizo este viaje más fácil, y estoy agradecido por su apoyo.

Un sincero agradecimiento a Rachel Beita, quien tradujo con gran habilidad este libro al español. Su atención cuidadosa a la intención teológica y pastoral logró tender puentes entre las diferencias culturales y lingüísticas. También estoy agradecido a su esposo, Randall Beita, cuya revisión cuidadosa de la traducción aportó claridad y precisión lingüística.

Jonathan Wright, mi editor, una vez más hizo su magia—cortando, pegando, reescribiendo y aclarando. Su aguda atención al detalle y clara comprensión de mi visión ayudaron a dar vida a este libro.

Un agradecimiento especial a D. E. West, cuya imaginación y ojo crítico para lo que es atractivo aportaron claridad e impacto.

La Junta de Momentum Ministries—Aaron, Al, Irene, John, Joyce, Keith y Tom—me animaron y guiaron en todos mis esfuerzos ministeriales mientras trabajaba en este libro.

A quienes oran, dan y se ofrecen como voluntarios con Momentum Ministries—ustedes hacen posible este libro y todos nuestros ministerios. Su apoyo impulsa todo lo que hacemos.

A mi esposa, Lana, cuya presencia constante, amor inquebrantable y aliento han sido una fuente constante de fortaleza—no soloen la escritura de este libro sino en cada paso de la vida y el ministerio—su paciencia y fidelidad, incluso cuando sinceramente he "fracasado" en retirarme, han hecho toda la diferencia.

A mis hijos y nietos—su amor, confianza y alegría continúan inspirándome y dando sentido al trabajo al que Dios me ha llamado. ¡Gracias por ser parte de este viaje también!

INTRODUCCIÓN

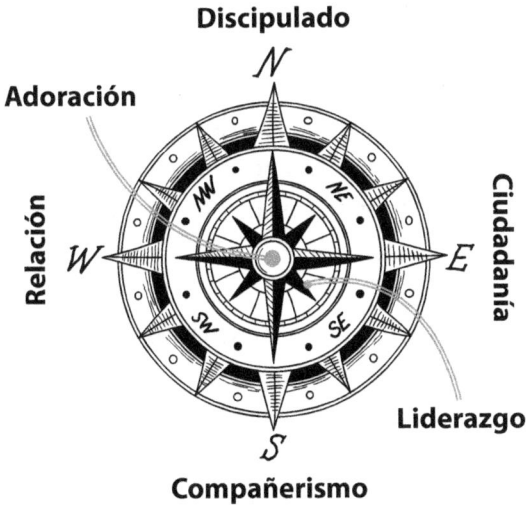

Discipulado

Adoración

Relación

N

W

E

Ciudadanía

S

Liderazgo

Compañerismo

Hay un viejo dicho que dice: "Si no sabes a dónde vas, cualquier camino te llevará allí". Pero para el discípulo de Jesucristo, el destino es claro: la semejanza a Cristo. El reto, sin embargo, es navegar el viaje. La vida presenta innumerables distracciones, desvíos y peligros que pueden hacernos perder el rumbo. ¿Qué puntos de referencia tenemos? ¿Cómo nos mantenemos orientados? ¿Cómo nos aseguramos de seguir a Jesús fielmente y crecer a Su imagen? La respuesta está en la Brújula del Discípulo.

El Llamado al Discipulado

En Mateo 28:18–20, Jesús da a sus seguidores una misión clara:

> "Toda autoridad me ha sido dada en el cielo y en la tierra. Por tanto, vayan y hagan discípulos de todas las naciones, bautizándolos en el nombre del Padre y del Hijo y del Espíritu Santo, enseñándoles a guardar todo lo que les he mandado.Y recuerden, yo estoy con ustedes todos los días, hasta el fin del mundo."

Jesús no nos llamó a hacer cristianos—Él es el único que convierte a las personas cuando deciden seguirle. Tampoco nos mandó a hacer santos—solo Dios santifica a su pueblo. No dijo que hiciéramos hermanos o hermanas—entramos en la familia de Dios por nacimiento espiritual, no por esfuerzo humano. Tampoco nos dijo que hiciéramos creyentes—la fe es una respuesta personal a la gracia de Dios, un regalo que proviene de Dios, no de nosotros.

¡Lo que Jesús sí nos llamó es hacer discípulos!
El verbo griego para "discípulo" significa:

1. Ser discípulo de alguien y seguir sus enseñanzas y preceptos.

2. Hacer discípulos mediante enseñanza e instrucción.

El sustantivo significa simplemente "aprendiz", "alumno" o "seguidor". Se refiere a aquellos que han elegido seguir a Jesús, abrazando Sus enseñanzas y viviendo de acuerdo con Su ejemplo. Un discípulo es alguien que sigue a Jesús de forma disciplinada, atravesando un proceso de transformación.

¿Por qué la Brújula?

Una brújula es una herramienta esencial para los viajeros, asegurando que se mantengan en el rumbo correcto. La Brújula del Discípulo cumple la misma función en nuestro viaje espiritual, señalando seis puntos claves que definen y guían la vida de un discípulo:

1. Conocer a Dios en la Adoración (Punto Central)
2. Mostrar Amor en la Relación (Punto Oeste)
3. Crecer en el Discipulado (Punto Norte)
4. Salir en la Ciudadanía (Punto Este)
5. Sembrar Semillas de Compañerismo (Punto Sur)
6. Fluir hacia el Liderazgo (Punto de Impacto)

Cada uno de estos puntos de la brújula—o marcas de un discípulo de Jesucristo—es crucial. Sin adoración, nuestras vidas carecen de un verdadero centro. Sin relación, perdemos responsabilidad mutua y ánimo. Sin discipulado, nos estancamos espiritualmente. Sin ciudadanía, fallamos en vivir como Cristo en el mundo. Sin compañerismo, descuidamos nuestro papel en apoyar a la iglesia. Y sin liderazgo, perdemos la oportunidad de cumplir la Gran Comisión.

Cada capítulo de este libro explora uno de los puntos de la brújula, ofreciendo enseñanzas bíblicas, aplicaciones prácticas y preguntas de reflexión para ayudarte a integrar estos principios en tu vida diaria.

¿Estás listo para embarcarte en este viaje de seguir a Jesús?

Demos el primer paso—centrando nuestras vidas a través de la adoración.

UNO

CONOCER A DIOS EN LA ADORACIÓN

Una Historia de Adoración: El Mesías de Handel

En el año 1741, el compositor George Frideric Handel estaba luchando. Estaba profundamente endeudado, con mala salud, y al borde de perderlo todo. Entonces sucedió algo extraordinario. Un amigo le entregó una colección de pasajes bíblicos compilados en un libreto, centrado en la vida y misión de Jesucristo. Inspirado por estas palabras, Handel se encerró en su estudio y compuso una de las más grandes obras musicales de todos los tiempos—El Mesías—en solo veinticuatro días. Cuando completó el famoso "Coro Aleluya", se dice que exclamó: "¡Creí ver todo el cielo ante mí, y al gran Dios mismo!"

La primera interpretación de El Mesías fue recibida con abrumadora alabanza, y cuando más tarde se presentó ante el rey Jorge II, se cuenta que el propio rey se puso de pie en adoración

Conociendo a Dios en la Adoración

La adoración es el punto de giro de la brújula del discípulo porque todo en nuestra relación con Dios, a través de Jesucristo, gira en torno a ella. Está en el inicio de nuestro camino y define nuestra identidad. Jesús declara:

> "Pero se acerca la hora, y ha llegado ya, en que los verdaderos adoradores rendirán culto al Padre en espíritu y en verdad, porque así quiere el Padre que sean los que le adoren." (Juan 4:23)

Observa esas palabras: "El Padre busca a tales adoradores". ¡Él te está buscando activamente! Dios no es indiferente respecto a tu adoración, porque está destinada a ser el centro de tu vida. Él desea adoradores que lo conozcan de verdad, que lo reverencien y que adoren en espíritu y en verdad. La adoración no es un ritual ni una rutina; es un encuentro con el Dios viviente, quien ha venido a ti.

Imagina al Creador del universo buscándote, atrayéndola a Su presencia para que lo adores. Ahora mismo, haz una pausa—eleva tu corazón en gratitud, admira Su majestad, y deja que la adoración brota desde lo más profundo de tu alma.

La verdadera adoración no es solo una acción humana, sino también una respuesta a un impulso divino: al amor y la gracia de Jesucristo. Es a través de Cristo que llegamos a conocer a Dios y entramos en una adoración que está llena del Espíritu y guiada por la verdad. La adoración no es simplemente un evento; es el fluir continuo de una vida cautivada por Jesús.

Llamado a la Adoración

Los servicios de adoración cristiana a menudo comienzan con un "llamado a la adoración", lo que implica que para experimentar la adoración primero debemos responder a ese llamado. De la misma manera, si queremos vivir vidas de adoración, debemos responder al primer llamado a la adoración: el llamado a comenzar a seguir a Jesús.

Respondemos al llamado cuando… admitimos, creemos y confesamos. Cuando hacemos eso, nuestros pecados son perdonados, se nos da una nueva vida en Cristo, y nos convertimos en verdaderos adoradores de Dios (genuinos, sinceros), ¡con Cristo ocupando Su lugar en el centro de nuestras vidas!

LAS ABC DE UNA RELACIÓN PERSONAL CON JESUCRISTO

A—Admite que has pecado.
Pues todos han pecado y están privados de la gloria de Dios. (Romanos 3:23 NVI)

B—Cree que Jesucristo murió por ti.
Pero a todos los que lo recibieron, a los que creen en su nombre, les dio el

3

derecho de ser hijos de Dios.
(Juan 1:12 NVI)

C—Confiesa que Jesucristo es el Señor de tu vida. Si confiesas con tu boca que Jesús es el Señor y crees en tu corazón que Dios lo levantó de entre los muertos, serás salvo. Porque con el corazón se cree para ser justificado, pero con la boca se confiesa para ser salvo.
(Romanos 10:9–10 NVI)

Ora la "oración del pecador"-

"Señor Jesús, reconozco que soy pecador. Creo que moriste por mis pecados y que resucitaste. Me aparto de mis pecados y te invito a entrar en mi corazón y en mi vida Te recibo como mi Salvador personal y me comprometo a seguirte como mi Señor. Amén."

Ten seguridad de su salvación:

"Mira que estoy a la puerta y llamo. Si alguno oye mi voz y abre la puerta, entraré, cenaré con él y él conmigo." (Apocalipsis 3:20 NVI).

Y este es el testimonio: que Dios nos ha dado vida eterna, y esa vida está en su Hijo El que tiene al Hijo, tiene la vida; el que no tiene al Hijo de Dios, no tiene la vida. (1 Juan 5:11–12 NVI).

Adaptado de Stan Toler, Los ABC de Evangelismo
Usado con permiso

Llamado a la Rendición:
Una Vida Totalmente Dedicada a Dios

Una vida de adoración—una vida centrada en Dios—comienza en serio cuando somos salvos. Pero hay más. Jesús dijo que el mandamiento más importante es amar a Dios completamente—con todo nuestro corazón, alma, mente y fuerza. Una vida de adoración, por lo tanto, continúa cuando **rendimos nuestras vidas completamente** a Dios. Así como la **justificación** es el momento en que ponemos nuestra fe en Cristo para salvación, la **santificación** es la transformación continua de nuestros corazones y vidas a la semejanza de Jesús. La santificación total es el **acto más profundo de adoración**—rendirnos por completo a la voluntad de Dios, ser apartados para Sus propósitos, y que el Espíritu Santo "purifique nuestros corazones por la fe" (Hechos 15:9 RVR1960).

Pablo exhorta a los creyentes hacia este tipo de entrega completa:

> Por lo tanto, hermanos, tomando en cuenta la misericordia de Dios, ruego que cada uno de ustedes, en adoración espiritual, ofrezca su cuerpo como sacrificio vivo, santo y agradable a Dios. (Romanos 12:1)

Adorar a Dios plenamente es **ofrecer cada parte de nosotros**—nuestros deseos, nuestros planes, nuestras propias vidas—en Sus manos. No es solo un momento; es un estilo de vida de adoración, caminando en el poder del Espíritu Santo, libres del dominio del pecado y plenamente vivos para Dios. Esto es lo que Juan Wesley describió como ser **"perfeccionados en amor"**—cuando nuestros corazones, mentes y acciones están completamente rendidos a Dios, y vivimos en obediencia, no por obligación, sino por amor.

¿Qué significa estar completamente santificado?

- *Una rendición completa* - No se trata solo de alejarnos del pecado, sino de entregar cada parte de nuestra vida a Cristo.

- *La obra del Espíritu Santo* - La santificación completa no es una mejora personal; es el Espíritu quien nos llena y nos purifica.

- *Una vida apartada* - Significa vivir en santidad, no por nuestras fuerzas, sino por la gracia de Dios.

- *Libertad en Cristo* - Las cadenas del egoísmo se rompen, y el amor se convierte en nuestro motivo.

- *Un corazón de adoración* - Nuestra vida diaria se convierte en un testimonio del poder transformador de Dios.

¿Estás listo para rendirte y ser lleno del Espíritu?

Cómo Ser Lleno del Espíritu Santo:

O—Ofrece completamente tu vida a Dios.
Por lo tanto, hermanos, tomando en cuenta la misericordia de Dios, ruego que cada uno de ustedes, en adoración espiritual, ofrezca su cuerpo como sacrificio vivo, santo y agradable a Dios. (Romanos 12:1 NVI).

A—Anhela y pide el don del Espíritu Santo. "Pues si ustedes, aun siendo malos, saben dar cosas buenas a sus hijos, ¡cuánto más el Padre celestial dará el Espíritu Santo a quienes se lo pidan!" (Lucas 11:13)

O—Obedece a Dios. ¿Estás diciendo sí a todo lo que Dios aprueba, y no a todo lo que Él desaprueba? Nosotros somos testigos de estos acontecimientos, y también lo es el Espíritu Santo que Dios ha dado a quienes le obedecen. (Hechos 5:32)

C—Cree que Dios te santifica y te llena con Su Espíritu. Dios, que conoce el corazón humano, mostró que los aceptaba dándoles el Espíritu Santo, lo mismo que a nosotros. Sin hacer distinción alguna entre nosotros y ellos, purificó sus corazones por la fe. (Hechos 15:8-9)

Señor, te ofrezco toda mi vida. Santifícame por completo. Lléname con tu Espíritu. Haz que viva totalmente rendido, caminando en santidad y amor. Amén.

Adaptada de Lenny Wisehart,
You've God His Word On It
Usado con permiso

Que Dios mismo, el Dios de paz, los santifique por completo, y conserve todo su ser —espíritu, alma y cuerpo—, irreprochable para la venida de nuestro Señor Jesucristo. (1 Tesalonicenses 5:23)

Una Visión Elevada de la Adoración

Con nuestras vidas centradas en Jesús y completamente rendidas a Él, descubrimos que la adoración no puede limitarse a servicios de iglesia, cantos o nuestras devociones personales si no está reflejada en cómo vivimos nuestra vida cada dia. La alabanza es un acto continuo de devoción a Dios en nuestra vida privada y públicamente. Es toda nuestra vida:

- Conciencia continua de la presencia y la actividad de Dios en nuestras vidas "En realidad, sin fe es imposible agradar a Dios, ya que cualquiera que se acerca a Dios tiene que creer que él existe y que recompensa a quienes lo buscan." (Hebreos 11:6)

- Reverencia y asombro — La adoración comienza cuando tenemos un profundo sentido de la santidad de Dios y de nuestra dependencia de Jesucristo.

- Gozo y celebración — La adoración es una expresión de nuestro deleite en el Señor a través de Jesucristo.

- Obediencia — La adoración no es solo canto entusiasta y expresiones alegres de alabanza; es un estado de rendición completa a las enseñanzas de la Biblia y a la voluntad de Jesús.

- Sacrificio — La verdadera adoración requiere entregar algo a Dios, siguiendo el ejemplo de amor abnegado de Cristo. Recuerda estas palabras del rey David de Israel: "No ofreceré al Señor mi Dios holocaustos que no me cuesten nada." (2 Samuel 24:24)

- Caminar con el Espíritu — La adoración incluye la comunión diaria con el Espíritu Santo, caminar en sintonía con Él, y permitir que nos guíe y transforme.

Expresiones Prácticas de la Adoración

- Oración diaria y lectura de las Escrituras — dedicar tiempo a comunicarse con Dios.

- Cantar o escuchar música de adoración — llenar nuestro corazón con cantos de alabanza.

- Servir a otros como acto de adoración — ver nuestras acciones como una forma de glorificar a Dios.

- Expresar gratitud — desarrollar un corazón agradecido en toda circunstancia.

- Vivir en obediencia — tomar decisiones que se alineen con la voluntad y el carácter de Dios.

- Testificar — contar a otros lo que Dios ha hecho por ti.

Reflexión y Aplicación

1. Reflexiona: ¿Cómo refleja mi vida diaria la adoración más allá de los servicios del domingo?

2. Pregunta: ¿Puedo pensar en otras expresiones de adoración?

3. Actúa: Identifica un acto de adoración que puedas ofrecer a Dios esta semana—ya sea mediante la oración, el servicio o la rendición.

4. Ora: Pídele a Dios que cultive en ti un corazón de adoración que permanezca firme tanto en la paz como en la prueba, siempre anclado en Jesucristo.

DOS

Mostrar Amor En Relación

El Poder de la Amistad

En 1914, durante la Primera Guerra Mundial, dos soldados, mejores amigos desde la infancia, luchaban lado a lado en las trincheras de Francia. Durante una feroz batalla, uno de ellos fue herido y quedó atrapado en tierra de nadie. El otro, a salvo detrás de las líneas, pidió permiso para ir a rescatar a su amigo. Su oficial se lo negó, advirtiendolo que era demasiado peligroso. Pero el soldado, desobedeciendo las órdenes, fue de todos modos. Cuando regresó, cargando a su amigo moribundo, el oficial se enfureció. "¡Te dije que no valía la pena!" le gritó. El soldado respondió: "Valió la pena, señor. Cuando llegué, todavía estaba vivo, y me dijo: 'Sabía que vendrías'".La verdadera relación significa estar el uno con el otro incluso en los momentos más difíciles. Jesús dijo:

> "Nadie tiene amor más grande que el
> que da la vida por sus amigos." (Juan
> 15:13)

Mostrando Amor en Relación

A medida que la aguja de la brújula del discípulo gira alrededor de su punto central, nos alinea con otros cuatro puntos: oeste, norte, este y sur. La adoración se representa como el punto central, pero ¿qué indican los otros puntos de nuestra brújula del discípulo?

Comencemos con el punto oeste: la relación cristiana. El oeste se ve simbólicamente como una dirección horizontal en una brújula, lo que indica cómo vivimos el amor de Dios hacia afuera, en comunidad. Este enfoque horizontal nos prepara para otra dimensión horizontal: el este, que representa la ciudadanía. Antes de enfocar nuestro amor "fuera" de la iglesia, debemos aprender a caminar en relaciones cristianas con otros creyentes. Y descubrimos que estas relaciones son esenciales para el crecimiento espiritual.

Jesús mismo modeló la importancia de la relación, invirtiendo profundamente en sus discípulos y enseñándoles a amarse unos a otros como Él los amó. En los días posteriores a Pentecostés, los primeros creyentes en Jerusalén experimentaron un sentido de unidad sin precedentes:

> Así, pues, los que recibieron su mensaje fueron bautizados y aquel día se unieron a la iglesia unas tres mil personas. Se mantenían firmes en la enseñanza de los apóstoles, en la comunión, en el partimiento del pan y en la oración. Todos estaban asombrados por los muchos prodigios y señales que realiz-

aban los apóstoles. Todos los creyentes estaban juntos y tenían todo en común: vendían sus propiedades y posesiones, y compartían sus bienes entre sí según la necesidad de cada uno. No dejaban de reunirse unánimes en el Templo ni un solo día. De casa en casa partían el pan y compartían la comida con alegría y generosidad, **alabando** a Dios y disfrutando de la estimación general del pueblo. Y cada día el Señor añadía al grupo los que iban siendo salvos. (Hechos 2:41–47)

Esta comunidad de la iglesia primitiva ejemplifica lo que significa caminar en relación - no solo con Dios, sino también los unos con los otros. No vivían vidas espirituales aisladas; en cambio, su fe era profundamente comunitaria, marcada por el amor, la generosidad y el ánimo mutuo.

El Mandato de Amar

Este mandamiento nuevo les doy: que se amen los unos a los otros. Así como yo los he amado, también ustedes deben amarse los unos a los otros. (Juan 13:34)

El amor no es simplemente una idea-es una acción. Es entregar nuestras vidas los unos por los otros, tal como Jesús entregó Su vida por nosotros.

> En esto conocemos lo que es el amor: en que Jesucristo entregó su vida por nosotros. Así también nosotros debemos entregar la vida por nuestros hermanos. Si alguien que posee bienes materiales ve que su hermano está pasando necesidad y no tiene compasión de él, ¿cómo se puede decir que el amor de Dios habita en él? Queridos hijos, no amemos de palabra ni de labios para afuera, sino con hechos y de verdad. (1 Juan 3:16-18)

Además, para que el amor sea real, debe haber un objeto hacia quien dirigir ese amor- incluso cuando aquellos a quienes estamos llamados a amar hacen que amar sea difícil, aparentemente imposible. Jesús nunca da un mandamiento imposible. Su gracia nos capacita para amar como Él ha amado.

> Y esta esperanza no nos defrauda, porque Dios ha derramado su amor en nuestro corazón por el Espíritu Santo que nos ha dado. (Romanos 5:5)

La Comunidad del Amor

Así como yo los he amado, también ustedes deben amarse los unos a los otros. (Juan 13:34 NVI)

La comunidad cristiana se construye sobre el amor que mostramos unos a otros. Nuestras relaciones sirven como testimonio al mundo que nos observa. La manera en que amamos a nuestras familias, a nuestros hermanos en la fe e incluso a quienes nos desafían refleja el amor de Cristo.

Nuestro amor dentro de la iglesia debe ser como el amor de Jesús:

- Inusual – Se distingue de la manera en que el mundo ama.
- Antinatural – No se basa en sentimientos sino en compromiso.
- Inquebrantable – No se rinde cuando las relaciones se vuelven difíciles.
- Incondicional – No se basa en lo que otros hagan por nosotros.
- Ilimitado – No se agota, porque su fuente es Cristo mismo.

La Comunicación del Amor

De este modo todos sabrán que son mis discípulos, si se aman los unos a los otros. (Juan 13:35)

A menudo buscamos impresionar al mundo con sana doctrina, moralidad y buenas obras. Aunque todo esto es importante, Jesús dice que la marca distintiva de Sus discípulos es el amor dentro de la iglesia. Cuando nos amamos de una manera que refleja a Cristo, comunicamos algo que el mundo rara vez ve. Este amor atrae a otros hacia nosotros, y en última instancia, hacia Él. Por el contrario, cuando fallamos en amar de esta manera, transmitimos a los de afuera el mensaje de que la iglesia es un lugar al que nadie quiere pertenecer. Por eso, nuestro amor mutuo está directamente ligado a nuestra misión.

> **Las relaciones de amor son el puente por el cual viaja el evangelio.**

Si queremos hacer discípulos, primero debemos vivir como discípulos, marcados por un amor radical centrado en Cristo. Nuestras relaciones son un reflejo directo de nuestro discipulado. Si afirmamos seguir a Jesús, también debemos comprometernos a amar a los demás como Él lo hace.

Cómo se ve la Relación en Cristo

Ayúdense unos a otros a llevar sus cargas y así cumplirán la ley de Cristo. (Gálatas 6:2).

Preocupémonos los unos por los otros, a fin de estimularnos al amor y a las buenas obras. No dejemos de congregarnos, como acostumbran hacer algunos, sino animémonos unos a otros, y con mayor razón ahora que vemos que aquel día se acerca. (Hebreos 10:24–25).

Mejor son dos que uno, porque obtienen más fruto de su esfuerzo. Si caen, el uno levanta al otro.¡Ay del que cae y no tiene quien lo levante! (Eclesiastés 4:9–10).

Los Elementos de la Relación Cristiana

1. Amor y sacrificio — Jesús demostró la forma más elevada de amor mediante Su sacrificio. Estamos llamados a renunciar a nuestros propios deseos para amar a los demás desinteresadamente.

2. Ánimo y fortalecimiento — La vida cristiana no está hecha para ser vivida en soledad. Necesitamos unos a otros para el ánimo, la oración y la edificación mutua.

3. Perdón y reconciliación — Así como Cristo nos ha perdonado, debemos extender gracia y perdón a los demás.

4. Misión compartida — Las relaciones en Cristo no solo se tratan de amistad, sino también de caminar juntos en la misión de Dios, haciendo discípulos y difundiendo Su amor.

5. Llevar las cargas de los demás — Como escribió Pablo en Gálatas 6:2, cumplimos la ley de Cristo cuando ayudamos a cargar las luchas y cargas de los otros.

Expresiones Prácticas de la Relación

Las relaciones verdaderas no se miden por cantidad, sino por profundidad. Las redes sociales y los conocidos casuales crean una red amplia, pero las relaciones cristianas van profundas, marcadas por vidas compartidas, amor sacrificial y bondad intencional.

Algunas formas de vivir relaciones bíblicas:

- Únete o forma un grupo pequeño o estudio bíblico. La comunión y el aprendizaje compartido fortalecen la fe.

- Orar los unos por los otros. Interceder por un hermano o hermana profundiza los lazos espirituales.

- Llama a tu hermano o hermana. Una llamada o mensaje simple puede alentar a alguien en necesidad. Sigue las indicaciones que sientas del Espíritu Santo mientras oras por tus amigos.

- Cuando sea posible, visita personalmente a quienes lo necesitan. Tu presencia personal lleva la presencia de Cristo al lugar.

- Comparte tus recursos. Satisfacer necesidades físicas es una expresión tangible del amor de Cristo

Reflexión y Aplicación

1. Reflexiona: ¿Quién en tu vida te ha animado en tu camino de fe? ¿Cómo puedes fortalecer esas relaciones?

2. Pregunta: ¿Estoy perdiendo oportunidades de relaciones dentro de la iglesia que benefician tanto a mí como a otros?

3. Actúa: Contacta a alguien esta semana, ya sea con una llamada, una comida o un mensaje de ánimo, y construye una comunión cristiana más profunda.

4. Ora: Pídele a Dios que te ayude a crecer en amor, paciencia y perdón mientras cultivas relaciones piadosas.

¿Estás listo para crecer en amor? La relación no es solo un aspecto de la vida cristiana; está en el corazón mismo de cómo reflejamos a Cristo al mundo.

TRES

CRECER EN EL DISCIPULADO

Una Historia de Discipulado:
La Formación de Aprendices

En la era del Renacimiento, Leonardo da Vinci no solo fue uno de los más grandes artistas e inventores de la historia, sino también un mentor de jóvenes aprendices. Uno de sus alumnos más famosos, Francesco Melzi, al principio no tenía formación artística, pero bajo la guía de Da Vinci llegó a ser un pintor realizado y, de hecho, ayudó a preservar gran parte de la obra de Da Vinci para las generaciones futuras. Da Vinci no solo enseñaba técnica: enseñaba disciplina, curiosidad y una manera de pensar que moldeó toda la vida de Melzi.

El discipulado no se trata únicamente de conocimiento, sino de transformación a través de experiencias comunes y sabiduría compartida. Al igual que Da Vinci con sus aprendices, Jesús nos llama a ser Sus discípulos, formándonos a Su semejanza mediante la enseñanza, la relación y la aplicación.

Crecer en el Discipulado

La adoración es nuestro punto de giro y la relación es el punto oeste, horizontal, como se ve en una brújula.

El discipulado puede visualizarse como un punto vertical en una brújula—una dirección hacia arriba que simboliza el crecimiento en nuestra búsqueda de parecernos a Cristo. Como seguidores de Jesús, no estamos llamados a quedarnos estancados, sino a madurar constantemente en nuestra fe. Esta madurez implica profundizar en nuestro conocimiento de Dios, aumentar nuestra obediencia a Su Palabra y crecer en nuestro amor por Él.

En Lucas 2:52 leemos que incluso Jesús experimentó crecimiento:

> Jesús siguió creciendo en sabiduría y estatura, y cada vez más gozaba del favor de Dios y de la gente. (Lucas 2:52)

La palabra griega que se usa aquí para "crecía" es prokopto, un término lleno de significado. Transmite la idea de "avanzar golpeando" o "alargar por martillado", como lo hace un herrero al forjar el metal. Esta imagen sugiere que el crecimiento no es algo fácil—requiere disciplina, intencionalidad y resistencia.

Curiosamente, Lucas pudo haber utilizado otras palabras griegas para "crecimiento", cada una con significados distintas:

- Mekyno: Describe un crecimiento natural u orgánico, como el de las plantas.

- Auxano: Se refiere a un crecimiento espontáneo o autosostenido.

- Ginomai: Implica algo que surge, evoluciona o llega a existir.

Estas palabras reflejan un tipo de crecimiento pasivo o automático—crecimiento que ocurre con el tiempo o por naturaleza. Sin embargo, "prokopto" en griega, es diferente. Enfatiza el esfuerzo constante, la perseverancia y el avance a pesar de la resistencia.

Si incluso Jesús, el Hijo perfecto de Dios, creció mediante un esfuerzo intencional y disciplinado, ¿cuánto más deberíamos hacerlo nosotros?

"Si el mismo Jesús creció mediante un esfuerzo intencional y disciplinado, ¿cuánto más deberíamos hacerlo nosotros? Nuestro crecimiento como discípulos no es automático, sino intencional."

Creciendo en Sabiduría, Estatura y Gracia

El crecimiento de Jesús descrito en Lucas 2:52 nos ofrece un modelo para nuestro propio camino de discipulado. Consideremos cada una de estas áreas por separado.

Creciendo en Sabiduría

El comienzo de la sabiduría es el temor del Señor; conocer al Santo es tener entendimiento. (Proverbios 9:10)

Crecer en sabiduría es lo que podríamos llamar el crecimiento cristiano clásico. Es en lo que solemos pensar cuando hablamos de discipulado.

Sabiduría — *sophia*. Este tipo de sabiduría se obtiene mediante:

- Estudio
- Mente abierta
- Atención
- Observación
- Entrenamiento
- "Enrejado" (piensa en cómo se guía una planta para que crezca en una dirección o forma particular)

¡Nada de eso es fácil!

Creciendo en Estatura

Deseen con ansias la leche espiritual pura, como niños recién nacidos. Así, por medio de ella, crecerán en su salvación. (1 Pedro 2:2)

La palabra griega para estatura es hēlikia, - y puede significar "aumento" en:

- Edad
- Tamaño
- Y, en sentido metafórico, en madurez

El énfasis de Lucas no está en la edad de Jesús, según la palabra que eligió para describir el crecimiento. Tampoco se enfoca en el tamaño físico, ya que no podemos determinar qué tan altos seremos solo por desearlo. Lo que le preocupaba a Lucas—y lo que debemos entender—es el uso metafórico de *hēlikia*. A medida que Jesús crecía en edad, también maduraba. Algunas personas crecen en tamaño y edad, pero no maduran en carácter.

Creciendo en Gracia Para Con Dios

Acérquense a Dios y él se acercará a ustedes. ¡Pecadores, límpiese las manos! ¡Ustedes, los indecisos, purifiquen su corazón! (Santiago 4:8)

El crecimiento — incluso el crecimiento cristiano — no es solo por el simple hecho de crecer. No creces solo para ser más grande. Dios tiene un plan y un propósito para ti.

La palabra para gracia es charis, que significa gracia, buena voluntad, favor. Proviene del verbo que significa "regocijarse".

Jesús creció en gracia para con Dios. ¡Hacía que el corazón de Dios se regocijara!

¿Recuerdas lo que Dios dijo de Jesús cuando fue bautizado?

"Este es mi Hijo amado, en quien tengo complacencia."

¿No es emocionante pensar que nosotros también podemos alegrar el corazón de Dios mientras crecemos en adoración, en semejanza a Cristo, en servicio y en liderazgo?

Creciendo en Gracia Para Con los Hombres

> Hagan brillar su luz delante de todos, para que ellos puedan ver las buenas obras de ustedes y alaben a su Padre que está en los cielos. (Mateo 5:16)

El crecimiento de Jesús en gracia no fue solo con Dios, sino también con los hombres. Aunque Jesús dijo que seríamos odiados por causa de Él, y que podríamos ser rechazados o perseguidos, también sabemos que un verdadero seguidor de Cristo es, en última instancia, una mejor persona para convivir. Esta gracia o favor se ve particularmente en los ámbitos de:

- Ciudadanía
- Relaciones cristianas
- Colaboración
- Liderazgo

Expresiones Prácticas del Discipulado

Ya que crecer en el discipulado no es pasivo, sino activo, es apropiado preguntarnos: "¿Qué puedo hacer para crecer?"

- Estudio bíblico y oración diarios: arraigarse en la Palabra de Dios y en Su presencia en tu vida.
- Memorizar las Escrituras: guardar la Palabra de Dios en tu corazón.

- Aplicar la verdad bíblica: vivir lo que aprendes.
- Conectarse con un grupo: aprender y crecer de las fortalezas y luchas de otros.
- Seguir a un mentor: caminar junto a un creyente maduro.
- Enseñar a otros: transmitir la fe.

Reflexión y Aplicación

1. Reflexiona: Mira la lista anterior. ¿Cómo estás experimentando crecimiento en esas áreas? ¿Está cambiando tu vida o solo tu conocimiento?

2. Pregunta: ¿Estoy creciendo en sabiduría? ¿En la madurez? ¿En cercanía con Dios? ¿En valor para mi comunidad?

3. Actúa: Identifica un área en la que necesites madurar espiritualmente y toma pasos para crecer.

4. Ora: Pídele a Dios que te muestre relaciones y prácticas que cultiven tu crecimiento espiritual y da seguimiento a lo que escuches.

¿Estás listo para crecer? El discipulado es el llamado a ser más como Cristo: aprender, obedecer y enseñar a otros a hacer lo mismo.

CUATRO

SALIR EN CIUDADANÍA

Una Historia de Ciudadanía: William Wilberforce y la Lucha Por la Justicia

En la Inglaterra del siglo XVIII, William Wilberforce era un joven político con una carrera prometedora por delante. Pero después de una profunda conversión espiritual, luchó con la idea de dejar la política para dedicarse al ministerio a tiempo completo. Buscando consejo, fue animado por John Newton, el antiguo traficante de esclavos convertido en predicador, a permanecer donde Dios lo había colocado— en el Parlamento—para que pudiera llevar la influencia cristiana a los asuntos nacionales. Wilberforce dedicó su vida a vivir su fe como ciudadano tanto del cielo como de la tierra. Pasó décadas liderando la lucha contra la trata de esclavos en Gran Bretaña, enfrentando feroz oposición y luchas personales. En 1807, después de años de perseverancia, se aprobó la *Ley de Abolición de la Trata de Esclavos*, poniendo fin al comercio legal de esclavos en Gran Bretaña.

La historia de Wilberforce ejemplifica lo que significa ser ciudadano tanto del reino de Dios como del mundo, usando la influencia, la carrera y la vida diaria para vivir los propósitos de Dios.

Salir En Ciudadanía

Con la marca de la ciudadanía, nos encontramos nuevamente en un aspecto horizontal. Este movimiento se representa en el punto este de la brújula. Jesús—el Hijo de Dios—se negó a sí mismo para ir adonde su Padre quería que fuera. La Biblia dice que Jesús dejó atrás todas las glorias del cielo y se convirtió en ciudadano de este mundo.

> La actitud de ustedes debe ser como la de Cristo Jesús, quien, siendo por naturaleza Dios, no consideró el ser igual a Dios como algo a qué aferrarse. Por el contrario, se rebajó voluntariamente, tomando la naturaleza de siervo y haciéndose semejante a los seres humanos. Y al manifestarse como hombre, se humilló a sí mismo y se hizo obediente hasta la muerte, ¡y muerte de cruz! (Filipenses 2:5–8 NVI)

Piénsalo - Jesús, el Hijo eterno de Dios, se convirtió en ciudadano del planeta Tierra para seguir la dirección de Dios. ¿Cómo podemos esperar hacer menos? Si elijo seguir a Jesús, también tendré que negarme a mí mismo para ir adonde Dios quiere que vaya.

El Llamado a "Ir"—Ejemplos Bíblicos

Dios siempre ha estado en el negocio de enviar a Su pueblo al mundo como ciudadanos con una misión:

- A Abraham—"Vete… a la tierra que te mostraré" (Génesis 12:1).

- A Moisés—"por tanto, ahora, y te enviaré" (Éxodo 3:10).

- A Isaías—"¿A quién enviaré? ¿Y quién irá por nosotros?" (Isaías 6:8).

- A los discípulos—"Vayan… Yo los envío" (Lucas 10:3).

- A Pablo—"Vete… Yo te enviaré lejos" (Hechos 22:21).

- A los discípulos—"Se me ha dado toda autoridad en el cielo y en la tierra. Por tanto, vayan y hagan discípulos de todas las naciones, bautizándolos en el nombre del Padre y del Hijo y del Espíritu Santo, enseñándoles a obedecer todo lo que les he mandado a ustedes. Y les aseguro que estaré con ustedes siempre, hasta el fin del mundo" (Mateo 28:18–20).

¿A Dónde Hemos De Ir? Viviendo Como Ciudadanos En Cada Esfera

¿Dónde vivimos nuestra ciudadanía cristiana? Lucas, el médico y escritor de un evangelio, nos da una visión amplia:

- Hogar y familia—Si seguir a Jesús no me convierte en mejor esposo, esposa, padre, madre o hijo, ¿qué tan cerca lo estoy siguiendo realmente?

- Comunidad—La participación en el servicio comunitario, ministerios de compasión y alcance debe ser parte de nuestro ADN como seguidores de Jesús llenos del Espíritu.

- Lugar de trabajo—Un seguidor de Cristo debe ser el trabajador más diligente, ético y honorable en cualquier organización.

- Entre los diferentes a nosotros—Extendemos la mano a través de líneas raciales, religiosas, económicas, ideológicas y políticas para reflejar el amor de Cristo.

- Hasta los confines de la tierra—Jesús nos llama a todas las naciones, lo que significa que nuestra fe afecta nuestra respuesta a asuntos globales como la inmigración, el medio ambiente y las misiones mundiales.

> **Hagan brillar su luz delante de todos, para que ellos puedan ver las buenas obras de ustedes y alaben a su Padre que está en los cielos. (Mateo 5:16)**

Expresiones Prácticas De Ciudadanía

¿Cómo vives como ciudadano del reino de Dios mientras participas en el mundo?

- Vive tu fe en casa y entre amigos.

- Involúcrate en tu comunidad.

- Vive con integridad en tu trabajo.

- Apoya las misiones y la evangelización.

- Vota y participa responsablemente en la sociedad. Usa tu influencia para reflejar los valores de Dios.

- Participa en actos de justicia y misericordia. Cuida a los vulnerables, defiende la rectitud.

Reflexión y Aplicación

1. Reflexiona: ¿Cómo ves tu papel como ciudadano tanto del reino de Dios como del mundo?

2. Pregunta: ¿Puedo decir con sinceridad que soy el mejor cónyuge, trabajador, vecino o amigo que puedo ser con la ayuda de Dios? Si no, ¿qué puedo hacer para llegar a serlo?

3. Actúa: Identifica una manera en que puedas vivir tu fe más sinceramente en tu hogar, trabajo o comunidad.

4. Ora: Pídele a Dios que abra puertas para que seas sal y luz donde Él te ha puesto.

¿Estás listo para salir? La ciudadanía no es solo un privilegio—es una responsabilidad de llevar el amor y la verdad de Cristo a dondequiera que Él nos envíe.

CINCO

SEMILLAS DE SOCIEDAD

Una Historia de Sociedad: Pablo y los Filipenses

A diferencia de algunas de las otras iglesias que Pablo plantó, la iglesia de Filipos se mantuvo constantemente a su lado en sociedad, apoyándolo espiritual y materialmente—aun cuando estaba encarcelado Tan grande fue la experiencia de *koinonía* (griego para "sociedad" o "comunión") que Pablo escribió:

> Doy gracias a mi Dios cada vez que me acuerdo de ustedes. En todas mis oraciones por todos ustedes siempre oro con alegría, porque han participado en el evangelio desde el primer día hasta ahora. (Filipenses 1:3–5)

La iglesia de Filipos se formó cuando una mujer de negocios en la comunidad aceptó a Cristo e inmediatamente se asoció con Pablo en la obra del evangelio, abriendo su casa para hospedar a la naciente congregación. Sin embargo, esa sociedad pronto sería probada. Pablo y su compañero misionero, Silas, fueron golpeados y encarcelados después de liberar a una esclava de un demonio (Hechos 16:16–24). En lugar de desesperarse, oraron y cantaron himnos, y Dios abrió milagrosamente las puertas de la prisión. Este evento llevó a la conversión del carcelero de Filipos y de su familia, fortaleciendo la influencia de la iglesia en esa ciudad. Años después, cuando Pablo se encontraba nuevamente preso, los filipenses no lo abandonaron. En cambio, enviaron a Epafrodito para llevar ayuda financiera y ánimo. Pablo les escribió:

> Sin embargo, han hecho bien en participar conmigo en mi angustia. Y ustedes mismos, filipenses, saben que, al principio de la obra del evangelio, cuando salí de Macedonia, ninguna iglesia participó conmigo en mis ingresos y gastos, excepto ustedes. (Filipenses 4:14–15)

Los filipenses vivieron la verdadera sociedad—no solo en dar, sino también en orar, servir y acompañar a Pablo tanto en gozo como en sufrimiento. Su historia nos reta a convertirnos en socios en la obra de Dios, tal como ellos lo fueron.

Sembrando semillas de sociedad

Cuando pensamos en sembrar semillas, generalmente lo relacionamos con plantarlas *abajo* en la tierra. En la brújula, el punto sur se percibe como hacia abajo.

La sociedad en la iglesia es más que asistir a los cultos—se trata de un compromiso activo con la misión de Dios. Nos asociamos con Dios y entre nosotros de cuatro maneras esenciales: orar, servir, invitar y dar.

Sociedad a Través de la Oración

> Por eso, confiésense unos a otros sus pecados y oren unos por otros, para que sean sanados. La oración del justo es poderosa y eficaz. (Santiago 5:16)

Como creyente, deberías cultivar estas asociaciones de oración:

- Tu sociedad con Dios-una relación diaria y personal con Él.

- Tus sociedades en casa-orando por y con los miembros de tu familia.

- Tus sociedades en la iglesia-intercediendo por otros creyentes y por el liderazgo de la iglesia.

- La sociedad de Dios contigo-confiando en que Dios obra en y a través de tus oraciones.

Sociedad a Través del Servicio

Una de las formas más poderosas de asociarse en la iglesia es sirviendo. Vemos un ejemplo impactante en Lucas 5 cuando Jesús llama a Pedro a un nuevo tipo de servicio:

- **"Mis Cosas" Realmente Pertenecen a Dios**

  Subió a una de las barcas, que era de Simón, y le pidió que la alejara un poco de la orilla. Luego se sentó y enseñaba a la gente desde la barca. (Lucas 5:3–4)

  ¿Quién es el dueño de tus recursos, tiempo y talentos—tú o Dios?

- **Trabajar Por mi Cuenta es Estéril y Agotador**

  "Maestro, hemos estado trabajando duro toda la noche y no hemos pescado nada. Pero, porque tú lo dices, echaré las redes." (Lucas 5:5)

  El servicio fuera de la dirección de Dios suele terminar en frustración.

- **Las Fuerzas Dadas por Dios Producen Abundanci**

  Así lo hicieron y recogieron una cantidad tan grande de peces que las redes se les rompían (Lucas 5:6)

  Servir en la fuerza de Dios produce resultados sobrenaturales.

- **Dejar que Dios Marque la Agenda Siempre es lo Mejor**

  No temas, desde ahora serás pescador de hombres —dijo Jesús a Simón. Así que llevaron las barcas a tierra y, dejándolo todo, lo siguieron. (Lucas 5:10–11)

  El verdadero servicio significa confiar en el plan de Dios por encima del nuestro.

Sociedad a Través de la Invitación

> Ve por los caminos y las veredas, y oblígalos a entrar para que se llene mi casa. (Lucas 14:23)

¿Has considerado que cuando no invitas a las personas a Cristo y a Su iglesia, también estás dejando de invitarlo a Él? Invitar a otros a la fe no es opcional—es una parte esencial de nuestra sociedad con Dios.

Sociedad a Través de la Generosidad

> Cada uno debe dar según lo que haya decidido en su corazón, no de mala gana ni por obligación, porque Dios ama al que da con alegría. (2 Corintios 9:7)

La generosidad es otra expresión clave de la sociedad. Considera estas oportunidades de mayordomía cristiana:

- Diezmo—dar el 10% de tus ingresos a través de la iglesia local.

- Ofrendas—dar de manera especial para la gloria de Dios y el bien de otros.

- Apoyo a ministerios—asociarse financieramente con misiones y evangelismo.

- Dar con compasión—ayudar a los que están en crisis o necesidad.

- Regalos anónimos de bendición—dar sin buscar reconocimiento, simplemente para bendecir a otros.

Expresiones Prácticas de la Sociedad

¿Cómo podemos sembrar activamente semillas de sociedad?

- Comprométete con un grupo de oración—únete a un grupo que interceda por tu iglesia y comunidad.

- Encuentra un lugar para servir—usa tus talentos y tiempo en el ministerio. No esperes a que te lo pidan; preséntate primero a Dios y luego a la iglesia como obrero en Su obra.

- Invita a alguien a la iglesia—acércate a un amigo, vecino o compañero de trabajo.

- Da generosamente—apoya las misiones, ministerios y a los necesitados.

Reflexión y Aplicación

Reflexiona: ¿Cómo estoy actualmente asociándome con Dios y con otros en Su misión?

1. Pregunta: ¿Me veo como un socio en la obra de Dios? ¿Reconozco el valor de las sociedades en el evangelio? ¿Qué puedo hacer para cambiar mi perspectiva?

2. Actúa: Identifica un área—oración, servicio, invitación o generosidad—donde puedas dar un nuevo paso de fe. Luego, ¡hazlo!

3. Ora: Pídele a Dios que te muestre cómo convertirte en un socio más fuerte en Su obra del reino.

¿Estás listo para asociarte con Dios y Su iglesia? Así como los filipenses lo hicieron con Pablo, nosotros somos llamados a participar activamente en la misión de Dios, unidos en oración, servicio, invitación y generosidad.

SEIS

FLUIR HACIA EL LIDERAZGO

Una Historia de Liderazgo: Juan Wesley y los Metodistas

En los años 1700, Juan Wesley no tenía intención de iniciar un movimiento. Simplemente quería discipular a las personas y profundizar su caminar con Cristo. Sin embargo, su enfoque metódico hacia el crecimiento espiritual llevó a la formación de las sociedades metodistas, pequeños grupos de creyentes que se reunían regularmente para animarse unos a otros en la fe.

Wesley no solo predicaba sermones—también formaba líderes. Creó un sistema en el cual los nuevos creyentes eran discipulados y, con el tiempo, se convertían ellos mismos en hacedores de discípulos. Esta multiplicación de líderes eventualmente impulsó un avivamiento que barrió Inglaterra y América, moldeando la historia cristiana.

Respecto a la capacidad de Wesley para discipular y retener conversos, su contemporáneo George Whitefield escribió: "Mi hermano Wesley actuó sabiamente—las almas que fueron despertadas bajo su ministerio las unió en clases, y así preservó los frutos de su labor. Yo descuidé esto, y mi gente es como una cuerda de arena."

El modelo de Wesley nos muestra que el liderazgo cristiano no se trata de títulos—se trata de influencia y preservación. Todo creyente está llamado a guiar a otros hacia Cristo.

Fluir Hacia el Liderazgo

A este punto quizá te preguntes: "Está bien, entiendo los cuatro puntos cardinales de la brújula e incluso el punto central, pero ¿qué significa el sexto punto?" Es el "punto" de la brújula misma—la que nos dirige en el camino. En nuestro modelo se representa con la flecha, que indica movimiento fuera de la brújula. Al movernos en el camino de la semejanza a Cristo, rápidamente notamos que hay quienes van delante de nosotros, quienes van a nuestro lado y quienes vienen detrás.

Saber orientarnos no es el fin de la brújula del discípulo. Todo hijo de Dios está llamado a seguir avanzando—hacia arriba, hacia adelante y hacia afuera. No deberíamos solo señalarnos en una dirección; necesitamos movernos en esa dirección. Al hacerlo, descubrimos que Dios nos transforma de seguidores en líderes. Todos somos líderes porque todos tenemos personas detrás de nosotros en el camino del discipulado. Al seguir a Cristo, los estamos guiando más cerca de Jesús.

"Vengan, síganme y los haré pescadores de hombres" (Mateo 4:19)

Antes solía dividir a las personas entre líderes y seguidores, reservando el término líderes para quienes tenían posiciones específicas de autoridad en la iglesia. Pero ya no lo hago. Porque sin importar dónde estemos en la estructura organizativa de la iglesia, todos somos líderes—apuntando a otros hacia Jesús, influyendo en su fe. Dos preguntas clave nos ayudan a evaluar nuestro camino de liderazgo:

¿Quién me está discipulando a mí?
¿A quién estoy discipulando yo?

Todos los seguidores de Jesucristo son líderes. No importa dónde estemos en nuestro caminar con Cristo, siempre hay alguien "detrás" de nosotros. Por eso estamos llamados a hacer discípulos—ayudando a otros a acercarse más a Jesús.

La Formación de Seguidores de Cristo

Disipulos son...

- **Formados por el Espíritu**
- **Auto formados**
- **Formados sacramentalmente**
- **Formados socialmente**

Al cumplir la comisión de Jesús de hacer discípulos, considera estas cuatro formas en que los discípulos son formados:

1. Los seguidores de Cristo son formados por el Espíritu

La salvación es obra del Espíritu Santo. No nos hacemos seguidores de Cristo por nosotros mismos—Él nos llama, nos convence y nos transforma.

"Nadie puede venir a mí si no lo trae el Padre que me envió." (Juan 6:44)

2. Los seguidores de Cristo son autoformados

Aunque Dios inicia la salvación, el crecimiento espiritual requiere esfuerzo personal. El discipulado requiere intencionalidad. Además, recordemos que no se puede discipular a alguien sin el esfuerzo de la persona siendo discipulado.

Más bien ejercítate en la devoción (1 Timoteo 4:7)

3. Los seguidores de Cristo son formados sacramentalmente

Los sacramentos nos recuerdan que el discipulado no es solo personal sino también comunitario:

- Bautismo—una declaración pública de fe, rito de iniciación.
- La Cena del Señor—participación regular en el cuerpo de Cristo, rito de santificación.

4. Los seguidores de Cristo son formados socialmente

El discipulado florece en comunidad. Algunos ejemplos de grupos que fortalecen el crecimiento espiritual incluyen:

- La congregación y membresía de la iglesia—compromiso con una familia local de fe.

- Grupos de afinidad—crecer junto con otros como tú: hombres, mujeres, solteros, jóvenes, motociclistas, adultos mayores, etc.

- Grupos de estudio bíblico—reuniones regulares para aprender las Escrituras juntos.

- Grupos de servicio y misión—coro, proyectos vecinales y comunitarios, esfuerzos de compasión y evangelismo, respuesta a crisis, etc.

El hierro se afila con el hierro y el hombre en el trato con el hombre. (Proverbios 27:17)

El Método de los Seguidores de Cristo

El discipulado se transmite mediante un sencillo proceso de tres pasos: Invitar → Invertir → Involucrar. Este modelo aplica a todos los aspectos del liderazgo cristiano. Cuando abrazamos este proceso, ayudamos a otros a crecer en el Señor.

1. Invitar

- Escoger—ser intencional al acercarse a otros.

- Desafiar—animar a un compromiso total con Cristo.

- Apreciar—mostrar cuidado e inversión en sus vidas.

"Vengan, síganme" dijo Jesús, "y los haré pescadores de hombres." (Mateo 4:19)

2. Invertir

- Interceder—orando regularmente por y con aquellos a quienes discípulas.

- Instruir—enseñarles a caminar con Jesús.

- Introducir—conectarlos con Cristo, el Espíritu Santo y la comunidad de la iglesia.

"Lo que me has oído decir en presencia de muchos testigos, encomiéndalo a creyentes dignos de confianza, que a su vez estén capacitados para enseñar a otros." (2 Timoteo 2:2)

3. Involucrar

- Servir—participar en el ministerio junto a ellos.

- Enviar—animarlos a dar pasos en el liderazgo.

- Supervisar—dar retroalimentación y ánimo.

"Por tanto, vayan y hagan discípulos de todas las naciones, bautizándolos en el nombre del Padre y del Hijo y del Espíritu Santo." (Mateo 28:19)

Para hacer discípulos…

- **Invitar**
- **Invertir**
- **Involucrar**

Expresiones Prácticas del Liderazgo

¿Cómo podemos entrar activamente en el liderazgo cristiano?

- Dirige un grupo pequeño—invierte en discipular a otros.

- Mentorea a un nuevo creyente o voluntario—ayúdalo a crecer en su fe y servicio.

- Asume un rol de liderazgo en tu congregación local.

- Ofrécete como voluntario en un viaje misionero—invita a alguien a acompañarte.

- Sirve en un ministerio—usa tus dones para bendecir a otros.

- Brinda cuidado compasivo a los enfermos, dolientes y que sufren.

- Forma relaciones intencionales con personas nuevas en la fe o en la iglesia.

Reflexión y Aplicación

1. Reflexiona: ¿Quién te ha discipulado a ti y a quién estás discipulando tú?

2. Pregunta: ¿Hay cristianos en mi vida más avanzados en la fe que yo? Nómbralos. ¿Hay otros (cristianos o no) que están detrás de mí en el camino del discipulado? Nómbralos también.

3. Actúa: Da un paso intencional hacia el liderazgo—invita, invierte o involucra.

4. Ora: Pídele a Dios que te forme como un líder que hace discípulos.

¿Estás listo para liderar? El liderazgo en el reino de Cristo no se trata de poder o posición—se trata de servir y compartir influencia.

CONCLUSIÓN

CAMINANDO EN EL SENDERO DEL DISCÍPULO

El discipulado no es un **destino**, sino un **viaje de toda la vida**. Como una brújula que guía a un viajero, la **Brújula del Discípulo** nos ayuda a navegar el camino de la fe, asegurándonos de que siempre avancemos **hacia Cristo**. Adoración, relación, discipulado, ciudadanía, sociedad y liderazgo—cada uno de estos puntos nos lleva más profundamente a nuestro llamado como seguidores de Jesús.

Cuando establecemos nuestro **punto central** en la adoración, reconocemos que **todo comienza con Dios**. Luego, nuestra relación extiende nuestra conexión en forma **horizontal**—crecemos en comunidad con otros creyentes. El discipulado nos conduce **hacia arriba**, moldeando nuestras vidas. La ciudadanía lleva nuestra fe **hacia afuera**, impactando el mundo que nos rodea. La sociedad une nuestros esfuerzos, multiplicando los resultados. Y el liderazgo multiplica nuestra influencia, **formando discípulos que hacen discípulos**.

El desafío que tenemos delante es claro: **¿Lo seguiremos?**

"Si alguien quiere ser mi discípulo, que se niegue a sí mismo, tome su cruz y me siga." (Mateo 16:24)

Aunque hay momentos para estar quietos, reflexionar, descansar y renovarnos, Jesús no nos llamó a **vidas estacionarias**. Nos llamó a **movernos**. Nuestra fe debe ser dinámica. Al igual que los **primeros discípulos**, somos invitados a seguirlo, no solo para nuestra propia salvación, sino también para llevar a otros en el camino.

Cada uno de nosotros debe examinarnos a la luz de estos puntos de la brújula. ¿Somos simples espectadores o verdaderos participantes en nuestro desarrollo espiritual?

Ahora es el momento de comprometernos. **La brújula está en tu mano. ¿Seguirás el camino?**

EL PACTO DE LA BRÚJULA

I. Conocer a Dios en la adoración

- Creo que Jesucristo es mi Salvador y tengo la seguridad del perdón de mis pecados

- Confieso a Jesucristo como el Señor de mi vida.

- Desarrollaré y nutriré una vida de rendición y adoración a Dios.

- Seré fiel en mi asistencia a los servicios de adoración semanales.

II. Mostrar amor en la relación

- Me involucraré en la vida de otros como parte de una iglesia local y un grupo pequeño de creyentes para oración,

- Actuaré siempre con amor hacia los demás, rehusando chismear o hablar negativamente.

III. Crecer en el discipulado

- Me comprometo a una vida de crecimiento espiritual a través de la oración, el estudio bíblico, la adoración, la obediencia, la fe, el servicio y el amor.

- Bautismo:

  ___Afirmo que he sido bautizado, o me comprometo ___a ser bautizado en _____ (fecha).

- Participaré en programas de discipulado cuando sea posible.

- Busco ser enteramente apartado para Dios y lleno de Su Espíritu.

IV. Salir en ciudadanía

- Viviré una vida piadosa como el mejor ciudadano posible en el hogar, trabajo y comunidad.

- Buscaré formas de servir a mi comunidad y al mundo.

- Practicaré actos de compasión y generosidad hacia los necesitados.

V. Sembrar semillas de sociedad

- Orar: Oraré regularmente con y por mi iglesia.

- Servir: Serviré con un corazón dispuesto en ministerios concretos._____

  _____

  _____

_____

_____

_____

_____

- Invitar: Invitaré a personas no creyentes y a inactivos a unirse a la comunidad cristiana.

- Dar: Practicaré la mayordomía bíblica a través de mis diezmos y ofrendas.

VI. Fluir hacia el liderazgo

- Mientras crezco en Cristo, discipularé a otros, transmitiendo la fe que me fue dada.

- Obedeceré el llamado de Dios a servir en roles de liderazgo en mi iglesia y cumplir con el entrenamiento necesario para esta posición de liderazgo en que asumo.

- Seguiré el liderazgo que Dios y la iglesia han establecido

Firmado: _____ **Fecha:** _____

SOBRE EL AUTOR

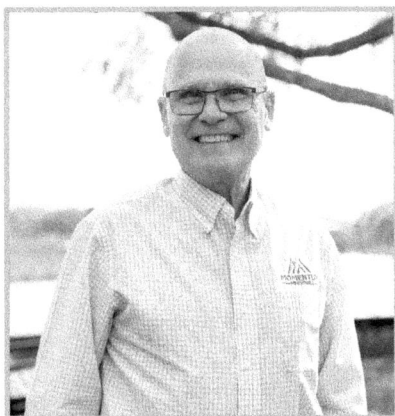

SCOTT WADE es el fundador de Momentum Ministries, una organización sin fines de lucro dedicada a ayudar a individuos e iglesias a alcanzar, mantener y recuperar el impulso espiritual. Con una profunda pasión por el discipulado, la predicación y la escritura, Scott ha pasado décadas equipando a los creyentes para vivir como seguidores de Cristo.

Como anciano ordenado en la Iglesia del Nazareno, Scott ha servido como pastor, evangelista, autor y mentor, ministrando a iglesias en todo Estados Unidos. Después de casi treinta años de ministerio pastoral, sintió el llamado de "salir del barco" y lanzar Momentum Ministries, ampliando su impacto a través de libros, predicación y desarrollo de liderazgo.

Su podcast semanal, *Casual Conversations* de Momentum Ministries, y su blog devocional diario, *Daily Momentum*, continúan animando a los creyentes en su caminar de fe. Scott y su esposa, Lana, residen en Johns Island, Carolina del Sur. Tienen tres hijas, tres yernos y doce nietos que llenan sus vidas de alegría. Cuando no está escribiendo o predicando, Scott disfruta viajar, mentorizar y asociarse con iglesias para llevar avivamiento y renovación

Para contactar a Scott o explorar sus otros libros y recursos, visita: *momentumministries.org*

OTROS LIBROS DE SCOTT WADE

Navidad con Lucas (Inglés, Español y Portugués)
Navidad con Mateo (Inglés y Español)
Proverbios: Sabiduría Para El Camino (Inglés y Español)

The Climb: Una guía devocional de cinco años a través de la Biblia
> Libro 1: *Start Here*
> Libro 2: *Stay Focused*
> Libro 3: *Stick with It*
> Libro 4: *Stretch Yourself*
> Libro 5: *Stand Tall*
> Libro 6: *Still Waters: Devotions from the Psalms*

Cómo ordenar:
Visita el sitio web de Momentum Ministries en
www.momentumministries.org
para pedir copias de estos y otros libros que te ayudarán a
alcanzar, mantener y recuperar el impulso espiritual.